FALL ACTIVITY BOOK

FOR KIDS AGES 3-8

ZAGS PRESS

This Book Belongs to

- - - - - - - - - - -

```
G L M S J K N I D O P E O P Q H
F L S T K G V W F A L L P P A Q
T T A U A X K G J O D P J R Q E
V B N H Q H N Z I P F P V V U O
G D L W Y U O N L I T E Q X L S
N D L N F J P L P S S X Y Z R L
I I A L U W Q I I T Q C A V F Y
V Q I D D U Y S M D S M O C A Q
I L T I G T Q Q I E A N B X P
G F A T T B X X Q T S Y N L F C
S L S R R X W O D O J R D K G F
K F J N N O S A E S Q E P Q H Q
N U N B O R Y K M X G V W X N S
A S B W L O K K G N I M O O L B
H G L P Q I H S L V X X K Z P A
T Y A U T U M N V X J A S T K Z
```

SEASON
FALL
HARVEST
AUTUMN
HOLIDAY
BLOOMING
THANKSGIVING

Match the numbers

1

8

4

2

6

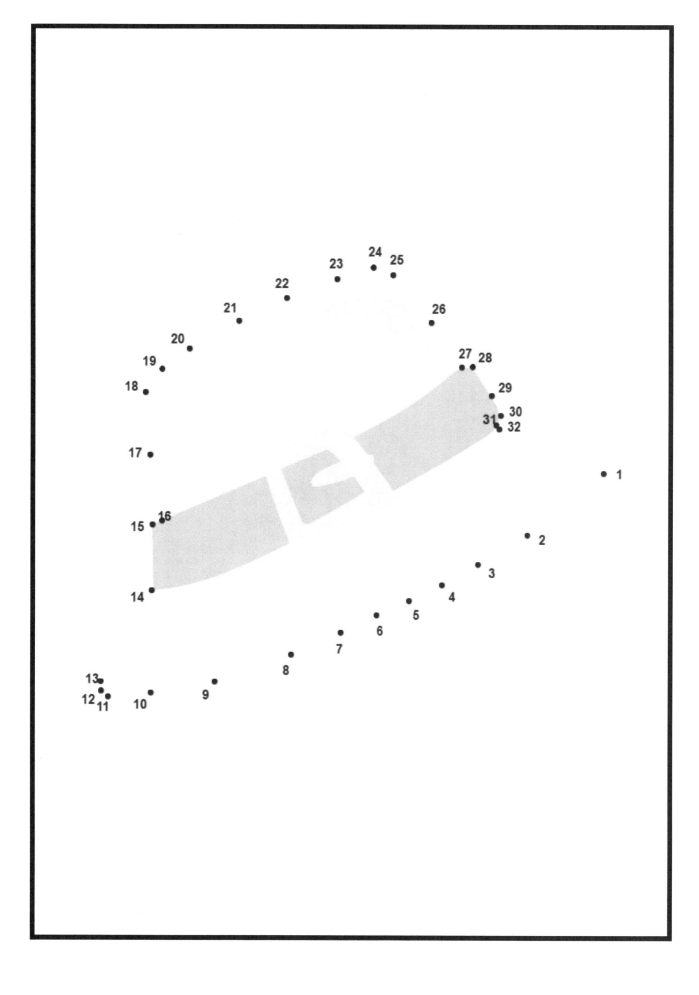

```
D C Q Y J U C O I I O U F L W B
N J R T O A A C T J F M W F Z O
L T Q L F T L F Z Q N V R V R J
B U E I X W I V B K M M V R T R
K A D Q U H L C G C L W G A F F
O X Y R V D D D M Z G X O S K X
I J S B G F E K I X W S S E N X
N O B R N A K P D Z B S W S S T
N I T E C V I M J V T C D V W I
E B W B V S E I K S E U L B X L
S L M O K X R A D X X E C Q I T
X O E T K L T C C K P S R O U D
U O O C H R G W N X V R I L Q Y
J M E O J T U V V Q S O I O I C
P S M S G F G U Q R I P G J I J
A A P R E T N I W N M U T U A O
```

MID
AUTUMN WINTER
BLUE SKIES
BLOOMS
TULIP
LILAC
OCTOBER

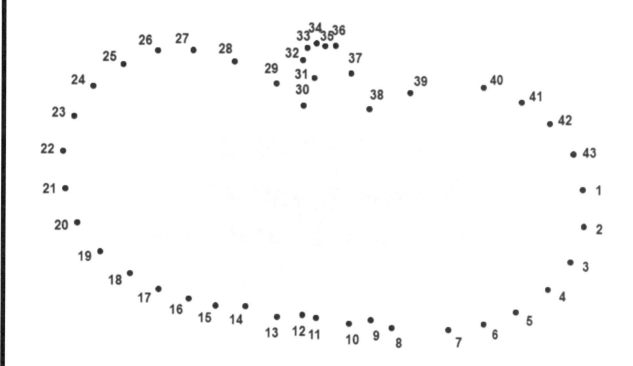

Which image is the odd one out?

ISPY

How many do you see?

```
R A C Q R B Q Z T P Z V L A S E
B Q P A S Y T S Q S R U R R S C
R V I A L K L Y O M Q I R Z L P
J I O H Y Q D Q J N R M L Z O Z
A Q Q U G T N M D O E Y T B I P
Y R D O G A K L D D Y E E T W R
S E N F T K W V E Q P B A Y M W
D B O X M E I A U E E S X W O
J M V J T D X R M P Y D T Y S P
C E E E H O V A Q N C R E V K N
O T M L I W G G Q Y K R A E B
Y P B O E N U K X C B G J A Y L
C E E G F B K H A L L O W E E N
L S R F O G G Y S D K B T C F X
L X K X Y J K V E E B I M P E X
W R E C S U O U D I C E D O D Z
```

NOVEMBER

SEPTEMBER

HALLOWEEN

EASTER

DECIDUOUS

FOGGY

TAKEDOWN

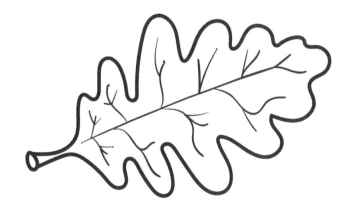

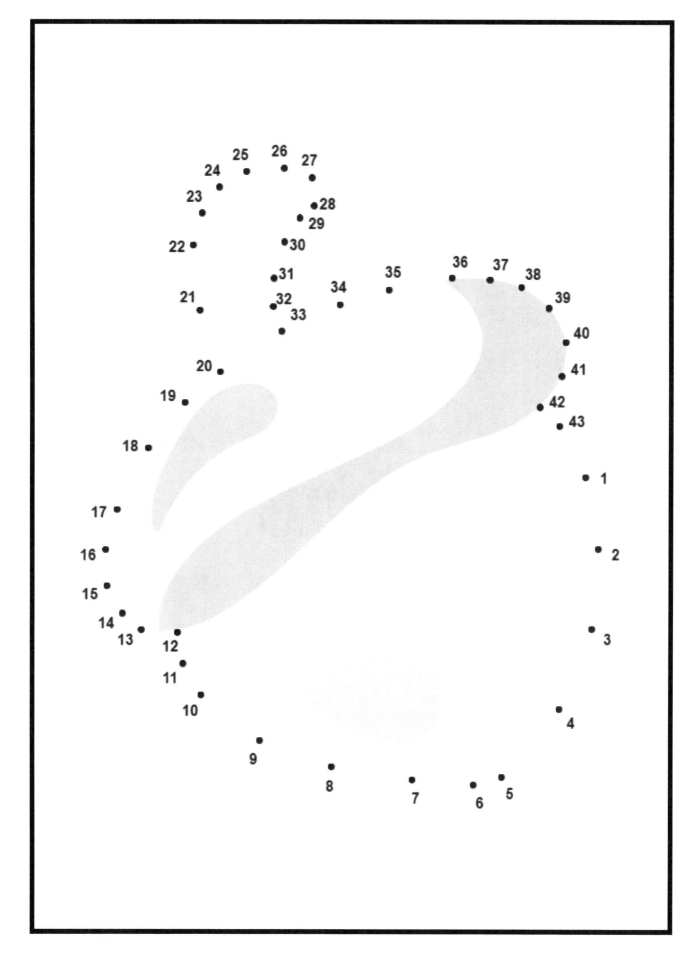

Which image is the odd one out?

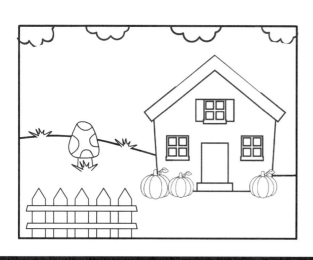

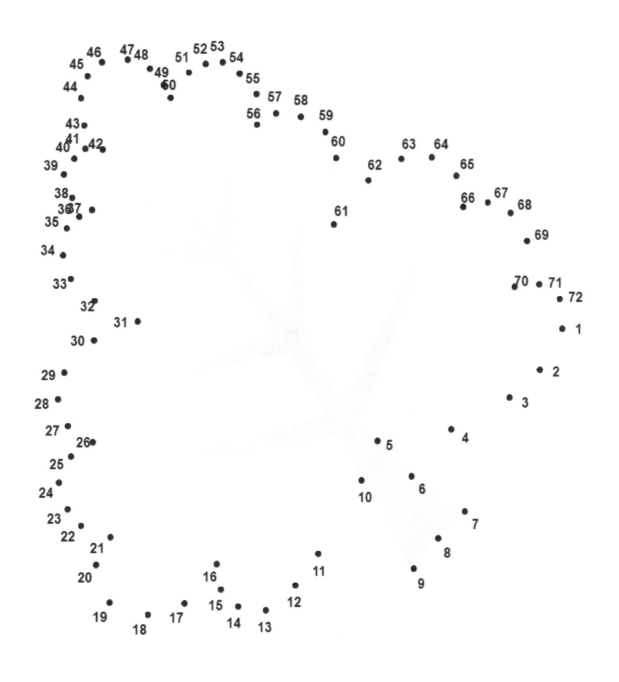

Match the numbers

12

3

10

1

4

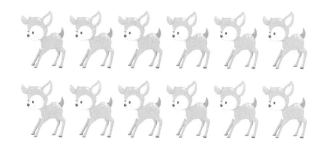

How many do you see?

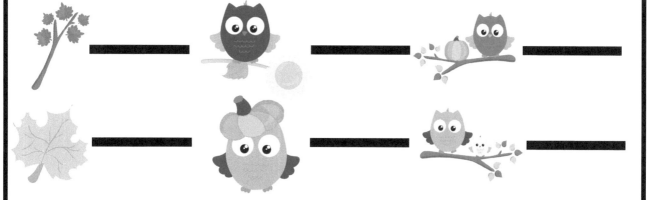

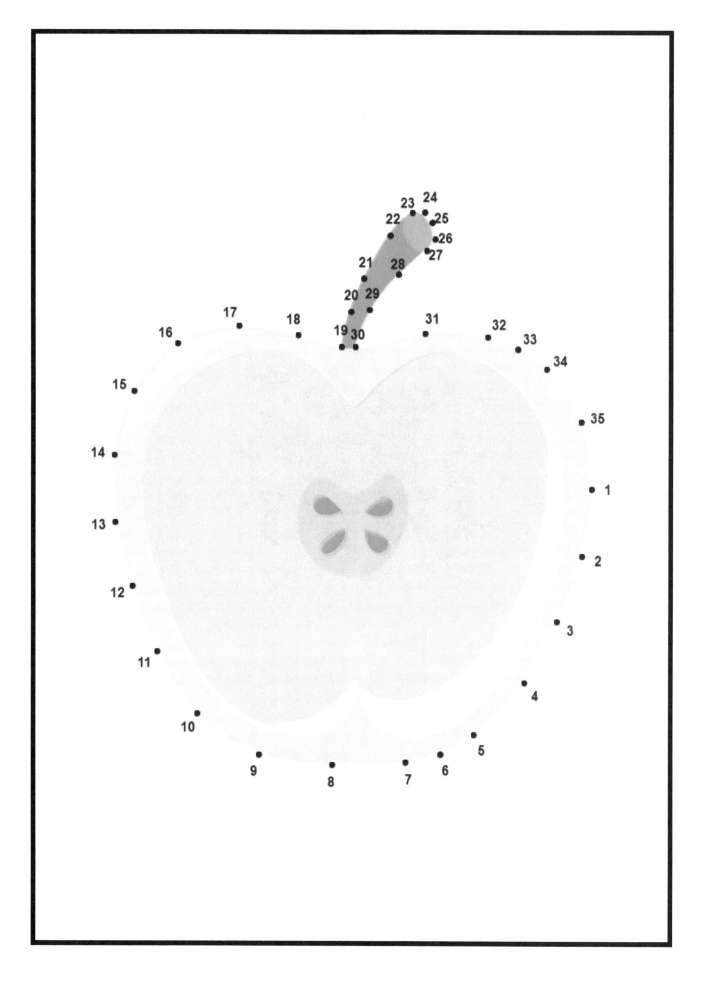

```
Q S K Z A L Y Y G N Y A M G C C
I E P A T I R B M L N T K B E Z
U I C K V M R G T H G R E E L U
T T L B Q L A L E V M G I P E S
E I Y A O D S T R I I B E A B I
D V M A D I T I O N N F X T R N
L I O G X F Q E N H A K Y T A W
O T N G T M K I T N O I U E T P
C S S Y X Z N Z Y C W B B N I W
U E O M I G Y Y M D D Y H M O Z
C F O L U V E P R Y N I W B N V
D M N C O G B O G I G V P G S E
U E Z X E V P P A Y H Q M S O B
D Y X U T O V R W U A L L B L W
H Q U R E U P W W P B A J H L Y
O O K X I I N A E Q B J I C J Y
```

RAINY
BEGINNING
DROP
MONSOON
COLD
CELEBRATIONS
FESTIVITIES

Cut it, Solve it, then color the puzzle

Cut it, Solve it, then color the puzzle

ISPY

How many do you see?

Cut it, Solve it, then color the puzzle

Which image is the odd one out?

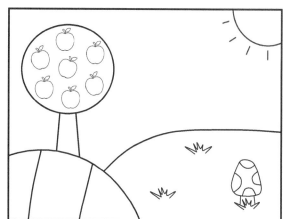

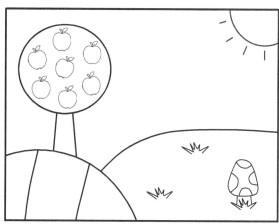

```
R A I Z E W Y V P Q B L N P N Y
Y S B Y G V V P J S C W A U K P
M C Z T L B H Q R S R B D M H V
N H N G X U B B J G U K Z G S S
J W L E L K N P H G N B S J N L
L Z G L D Y I Q H K C A K O A I
X U X D O L A F B M H O W J Q E
F M A P L E O Y J I Y D H S A S
H U M M L J M G K A R O E R A W
B T I J V G S T L O E O T F K A
G Z E X Q Z M K P K G H B S Q P
D Y S O B H O C P G Y N J C Y W
I C U P R Z S V F F W L Q Z K E
D Z N E P D F A E L U P F Q O Z
H I B E R N A T E R F P F B Y N
G E V A M Q D J T Z F G Z T Y G
```

SNOWDROP
GOLDEN
EARTHY
HIBERNATE
LEAF
MAPLE
CRUNCHY

Cut it, Solve it, then color the puzzle

I hope you have enjoyed this
Activity book.
i have a favor to ask you and it
would mean the world for me as a
publisher.
would you be kind enough to leave
this book a review on amazon
review page.
Thank you!

SCAN ME

Hello there!
If you Have enjoyed this
Activity book and want more, I
have a little surprise for you.
Scan the QR code to
claim your bonus!.

MAZE
Solutions

Odd one out

Solutions

Which image is the odd one out?

Which image is the odd one out?

Which image is the odd one out?

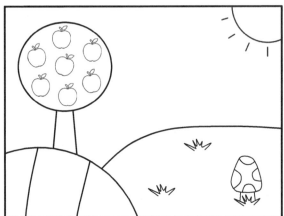

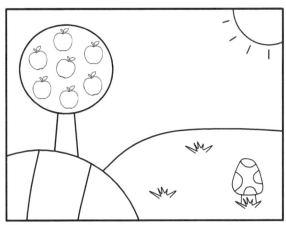

ISPY

Solutions

ISPY

How many do you see?

7

3

6

4

5

4

ISPY

How many do you see?

🍂	5	🦉	7	🦉	5
🍁	6	🦉	7	🦉	4

ISPY

How many do you see?

7

3

6

6

5

5

Word Search

Solutions

```
G L M S J K N I D O P E O P Q H
F L S T K G V W F A L L P P A Q
T T A U A X K G J O D P J R Q E
V B N H Q H N Z I P F P V V U O
G D L W U O N L I T E Q X L S
N D L N F J P L P S S X Y Z R L
I I A L U W Q I I T Q C A V F Y
V Q I D D U Y S M D S M O C A Q
I L T I G T Q Q I E A A N B X P
G F A T T B X X Q T S Y N L F C
S L S R R X W O D O J R D K G F
K F J N N O S A E S Q E P Q H Q
N U N B O R Y K M X G V W X N S
A S B W L O K K G N I M O O L B
H G L P Q I H S L V X X K Z P A
T Y A U T U M N V X J A S T K Z
```

```
D C Q Y J U C O I I O U F L W B
N J R T O A A C T J F M W F Z O
L T Q L F T L F Z Q N V R V R J
B U E I X W I V B K M M V R T R
K A D Q U H L C G C L W G A F F
O X Y R V D D M Z G X O S K X X
I J S B G F E K I X W S S E N X
N O B R N A K P D Z B S W S S T
N I T E C V I M J V T C D V W I
E B W B V S E I K S E U L B X L
S L M O K X R A D X X E C Q I T
X O E T K L T C C K P S R O U D
U O O C H R G W N X V R I L Q Y
J M E O J T U V V Q S O I O I C
P S M S G F G U Q R I P G J I J
A A P R E T N I W N M U T U A O
```

```
R A C Q R B Q Z T P Z V L A S E
B Q P A S Y T S Q S R U R R S C
R V I A L K L Y O M Q I R Z L P
J I O H Y Q D Q N R M L Z O Z
A Q Q U G T N M D O E Y T B I P
Y R D O G A K L D D Y E E T W R
S E N F T K W V E Q P B A Y M W
D B O X M E I A U E E S X X W O
J M V J T D X R M P Y D T Y S P
C E E H O V A Q N C R E V T N
O T M L I W V G G Q Y K R A E B
Y P B O E N U K X C B G J A Y L
C E E G F B K H A L L O W E E N
L S R F O G G Y S D K B T C F X
L X K X Y J K V E E B I M P E X
W R E C S U O U D I C E D O D Z
```

Q S K Z A L Y Y G N Y A M G C C
I E P A T I R B M L N T K B E Z
U I C K V M R G T H G R E E L U
T T L B Q L A L E V M G I P E S
E I Y A O D S T R I I B E A B I
D V M A D I T I O N N F X T R N
L I O G X F Q E N H A K Y T A W
O T N G T M K I T N O I U E T P
C S S Y X Z N Z Y C W B B N I W
U E O M I G Y Y M D D Y H M O Z
C F O L U V E P R Y N I W B N V
D M N C O G B O G I G V P G S E
U E Z X E V P P A Y H Q M S O B
D Y X U T O V R W U A L L B L W
H Q U R E U P W W P B A J H L Y
O O K X I I N A E Q B J I C J Y

```
R A I Z E W Y V P Q B L N P N Y
Y S B Y G V V P J S C W A U K P
M C Z T L B H Q R S R B D M H V
N H N G X U B B J G U K Z G S S
J W L E L K N P H G N B S J N L
L Z G L D Y I Q H K C A K O A I
X U X D O L A F B M H O W J Q E
F M A P L E O Y J I Y D H S A S
H U M M L J M G K A R O E R A W
B T I J V G S T L O E O T F K A
G Z E X Q Z M K P K G H B P S P
D Y S O B H O C P G Y N I C Y W
I C U P R Z S V F F W L Q Z K E
D Z N E P D F A E L U P F Q O Z
H I B E R N A T E R F P F B Y N
G E V A M Q D J T Z F G Z T Y G
```

Scissors skills

Solutions

Cut it, Solve it, then color the puzzle

Cut it, Solve it, then color the puzzle

Cut it, Solve it, then color the puzzle

Cut it, Solve it, then color the puzzle

Made in United States
Troutdale, OR
10/18/2024

23904908R00060